todo sobre el bebé

LIBRO DE MEMORIA DEL PRIMER AÑO

¡Positivamente embarazada!

El día que me enteré de que estabas de camino hacia mí...

_____

_____

_____

_____

_____

_____

_____

_____

Tu primera sesión de fotos

Todo sobre su primera ecografía...

_____

_____

_____

_____

_____

No hay nada
como el
amar
un padre tiene para su hijo.

Todo sobre mamá

Nombre completo _____ Nacimiento _____

Donde nací _____

Algunos de mis pasatiempos favoritos _____

_____

_____

_____

_____

Algunos de mis recuerdos favoritos de la infancia _____

_____

_____

_____

_____

Lo que quería ser cuando creciera _____

MI FAVORITO...

Color _____ Comida _____

Día festivo _____ Música _____

maternidad

ES UNA ELECCIÓN QUE HACES TODOS LOS DÍAS,
PARA PONER LA FELICIDAD DE OTRA PERSONA
Y BIENESTAR POR DELANTE DE
EL TUYO, PARA ENSEÑAR LO DIFÍCIL
LECCIONES, PARA HACER LO CORRECTO
INCLUSO CUANDO NO ESTÁS SEGURO
QUÉ ES LO CORRECTO...
Y PERDONARTE A TI MISMO, SOBRE
Y OTRA VEZ, POR HACER
TODO MAL.

DONNA BALL

Fotos de Mommy

NUESTRA VIDA JUNTOS
ACABA DE EMPEZAR.
ERES PARTE DE MÍ,
mi pequeño.

Todo Sobre papá

Nombre completo _____ Nacimiento _____

Donde nací _____

Algunos de mis pasatiempos favoritos _____
_____
_____
_____
_____

Algunos de mis recuerdos favoritos de la infancia _____
_____
_____
_____
_____

Lo que quería ser cuando creciera _____

MI FAVORITO...

Color _____ Comida _____

Día festivo _____ Música _____

Un padre

no es ni un

ANCLA

QUE NOS DETENGA
NI UNA VELA
QUE NOS LLEVE HASTA ALLI,
SINO UNA LUZ GUIDA

cuyo amor

NOS MUESTRA EL CAMINO

Imágenes de Daddy

Mamá como un bebé

Papá como un bebé

Formas en que te ves como mamá
_____
_____
_____
_____
_____
_____
_____

Formas en que te pareces a papá
_____
_____
_____
_____
_____
_____
_____

Tú como bebé

Tu árbol genealógico

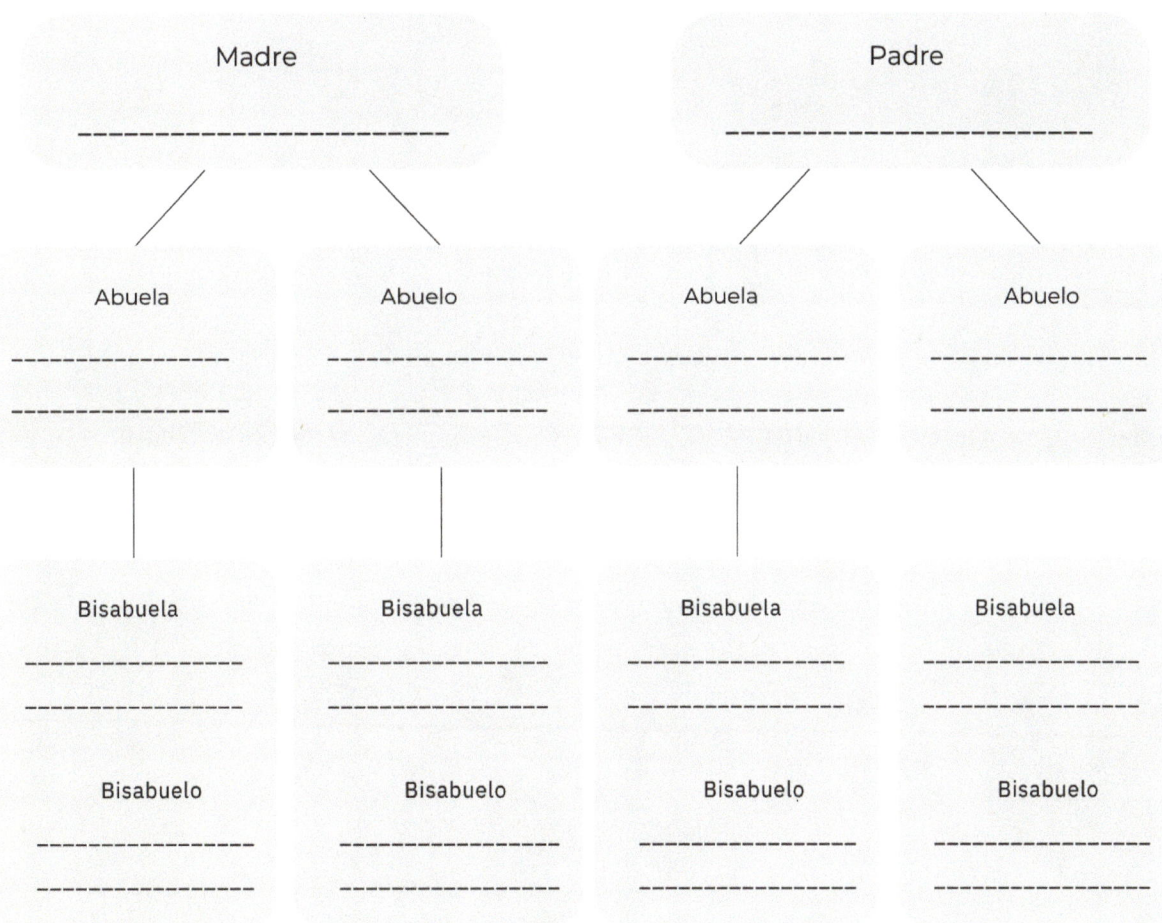

Diez dedos meñiques, diez dedos pequeños. Con amor y gracia, nuestra familia crece. Esta preciosa alma, tan dulce y nueva. Esta pequeña vida, un sueño hecho realidad.

Alimentos que me encantaba comer y ansiaba....

_____

_____

_____

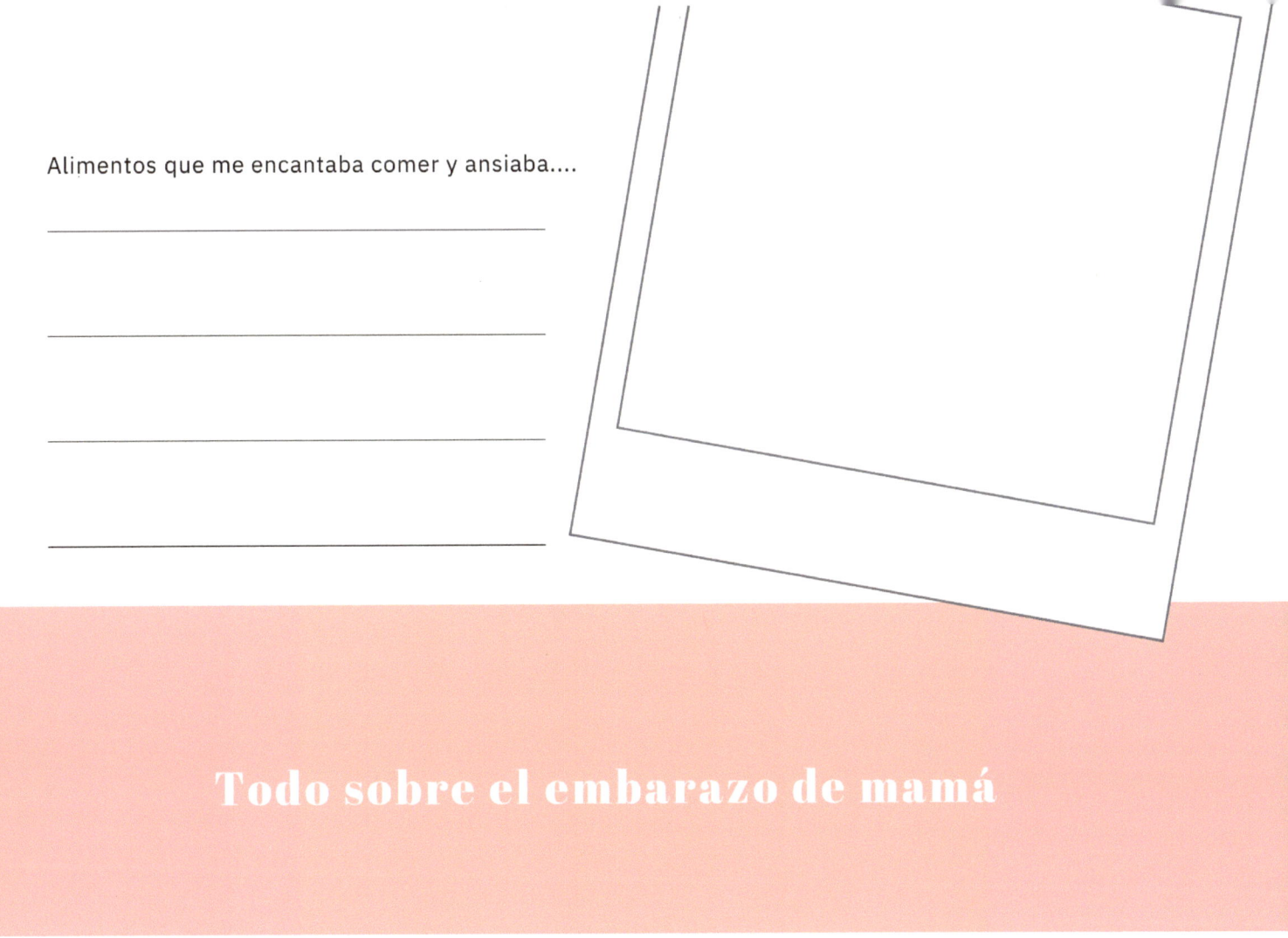

Todo sobre el embarazo de mamá

Canciones y programas que veía y escuchaba todo el tiempo...

_____

_____

_____

Alimentos y olores que NO PODÍA SOPORTAR...

_____

_____

_____

"Los bebés son trozos de polvo de estrellas soplados de la mano de Dios. Afortunada es la mujer que conoce los dolores del nacimiento porque ha tenido una estrella."

— Larry Barretto

Cuando sentí por primera vez que te movías:

_____

_____

Cuando tu papá sintió una patada por primera vez:

_____

_____

Cómo nos sentimos cuando nos enteramos... niño o niña:

_____

_____

_____

_____

_____

Quién nos lo tiró: _____

Dónde: _____

Cuando: _____

Alimentos que teníamos: _____

Juegos que jugamos: _____

Regalos:

_____   _____

_____   _____

_____   _____

_____   _____

_____   _____

Tu Babyshower

¡Fotos!

NUESTRA VIDA JUNTOS
ACABA DE EMPEZAR.
ERES PARTE DE MÍ,

mi pequeño.

Cuando llegaste

Cuando comencé el trabajo de parto: _____

Cuando naciste: _____

Dónde naciste: _____

Quién fue en su nacimiento: _____
_____

Historia de tu nacimiento de mamá:
_____
_____
_____
_____
_____
_____
_____

Tú

eres nuestra mayor

Aventura

Mamá orgullosa

El día que naciste

Día de la semana: _____

El clima: _____

#1 Canción: _____

#1 Película: _____

#1 Book: _____

Personajes famosos que comparten tu cumpleaños: _____
_____
_____

Zodiaco: _____

Piedra de nacimiento: _____

Población mundial: _____

Nombres de bebés más populares este año: _____
_____

Acontecimientos históricos: _____
_____
_____

Bebé perfecto

TÚ EL DÍA QUE NACISTE

Nombre completo: _____

Hora de nacimiento: _____

Peso: _____

Altura: _____

Color de cabello:_____

Visitantes después de su nacimiento: _____
_____

¿Complicaciones en el parto?_____
_____

Historia de tu nacimiento de papá:

_____

_____

_____

_____

_____

_____

_____

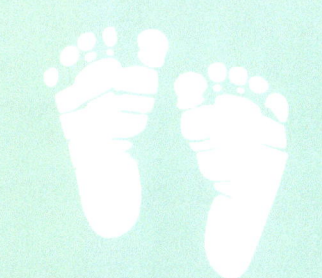

Te llamas...

Nombres que consideramos para usted:

_____
_____
_____
_____

Por qué elegimos tu nombre:

_____
_____
_____
_____

Que significa tu nombre:

_____
_____

Las mejores partes de tenerte en casa:
_____
_____
_____
_____

Tú en casa

Las partes más locas de tenerte en casa:
_____
_____
_____

1 Semana de edad

Peso:_____ Altura: _____

Cosas que amas: _____

Cosas nuevas que vas a hacer esta semana:_____

_____

Algunas de sus novedades esta semana:

Cosas que mantienen tu atención:

Momentos favoritos contigo esta semana:

2 Semanas de edad

Peso:_____ Altura: _____

Cosas que amas: _____

Cosas nuevas que vas a hacer esta semana:_____

_____

Carta de mamá

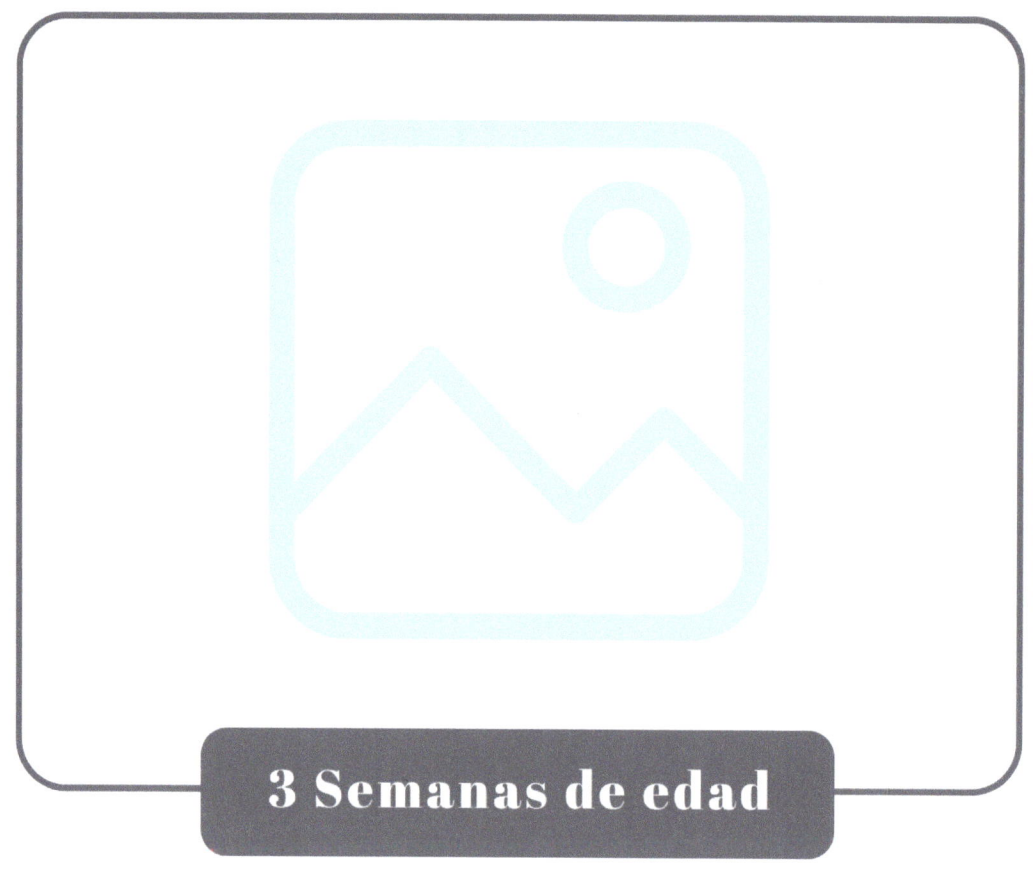

3 Semanas de edad

Peso:_____ Altura: _____

Cosas que amas: _____

Cosas nuevas que vas a hacer esta semana:_____
_____

Carta de papá

1 Mes de edad

Peso: _____ Altura: _____

Tus cosas favoritas para hacer hoy en día: _____

_____

_____

Cosas nuevas que estás probando y amando este mes:

_____

_____

_____

_____

_____

Tus nuevas aventuras son:

2 Meses de edad

Peso: _____ Altura: _____

Cosas nuevas que empezaste este mes: _____

_____

_ _____

Cosas nuevas que estás probando y amando este mes:

_____
_____
_____
_____
_____

Tus nuevas aventuras son:

3 Meses de edad

Peso: _____ Altura: _____

Cosas nuevas que empezaste este mes: _____

_____

_____

Cosas nuevas que estás probando y amando este mes:

_____

_____

_____

_____

_____

Tus nuevas aventuras son:

4 Meses de edad

Peso:_ _____ Altura:_____

Cosas nuevas que empezaste este mes: _____

_____

_ _____

Cosas nuevas que estás probando y amando este mes:

_____

_____

_____

_____

_____

Tus nuevas aventuras son:

5 Meses de edad

Peso: _____ Altura: _____

Cosas nuevas que empezaste este mes: _____

_____

_____

Cosas nuevas que estás probando y amando este mes:
___
___
___
___
___

Tus nuevas aventuras son:

6 Meses de edad

Peso: _____ Altura: _____

Cosas nuevas que empezaste este mes: _____

_____

_ _____

Cosas nuevas que estás probando y amando este mes:

_____

_____

_____

_____

Tus nuevas aventuras son:

7 Meses de edad

Peso: _____ Altura:_____

Cosas nuevas que empezaste este mes: _____

_____

_ _____

Cosas nuevas que estás probando y amando este mes:

_____

_____

_____

_____

_____

Tus nuevas aventuras son:

8 Meses de edad

Peso: _____ Altura: _____

Cosas nuevas que empezaste este mes: _____

_____

_____

Cosas nuevas que estás probando y amando este mes:

_____

_____

_____

_____

_____

Tus nuevas aventuras son:

9 Meses de edad

Peso: _____ Altura:_____

Cosas nuevas que empezaste este mes: _____

_____

_____

Cosas nuevas que estás probando y amando este mes:

_____

_____

_____

_____

_____

Tus nuevas aventuras son:

10 Meses de edad

Peso: _____ Altura: _____

Cosas nuevas que empezaste este mes: _____

_____

_ _____

Cosas nuevas que estás probando y amando este mes:

_____

_____

_____

_____

_____

Tus nuevas aventuras son:

11 Meses de edad

Peso: _____ Altura: _____

Cosas nuevas que empezaste este mes: _____

_____

_____

Cosas nuevas que estás probando y amando este mes:

_____

_____

_____

_____

_____

Tus nuevas aventuras son:

1 Año

Peso: _____ Altura: _____

Cosas nuevas que empezaste este mes: _____

_____

_ _____

Cosas nuevas que estás probando y amando este mes:

_____

_____

_____

_____

Tus nuevas aventuras son:

Todos los que invitamos a celebrar:

_____

_____

_____

_____

_____

¡Tu primera fiesta de cumpleaños!

Alimentos, juegos y música:

_____

_____

_____

_____

Regalos que recibiste:

_____

_____

_____

_____

Fotos tuyas y mami

Fotos tuyas y papi

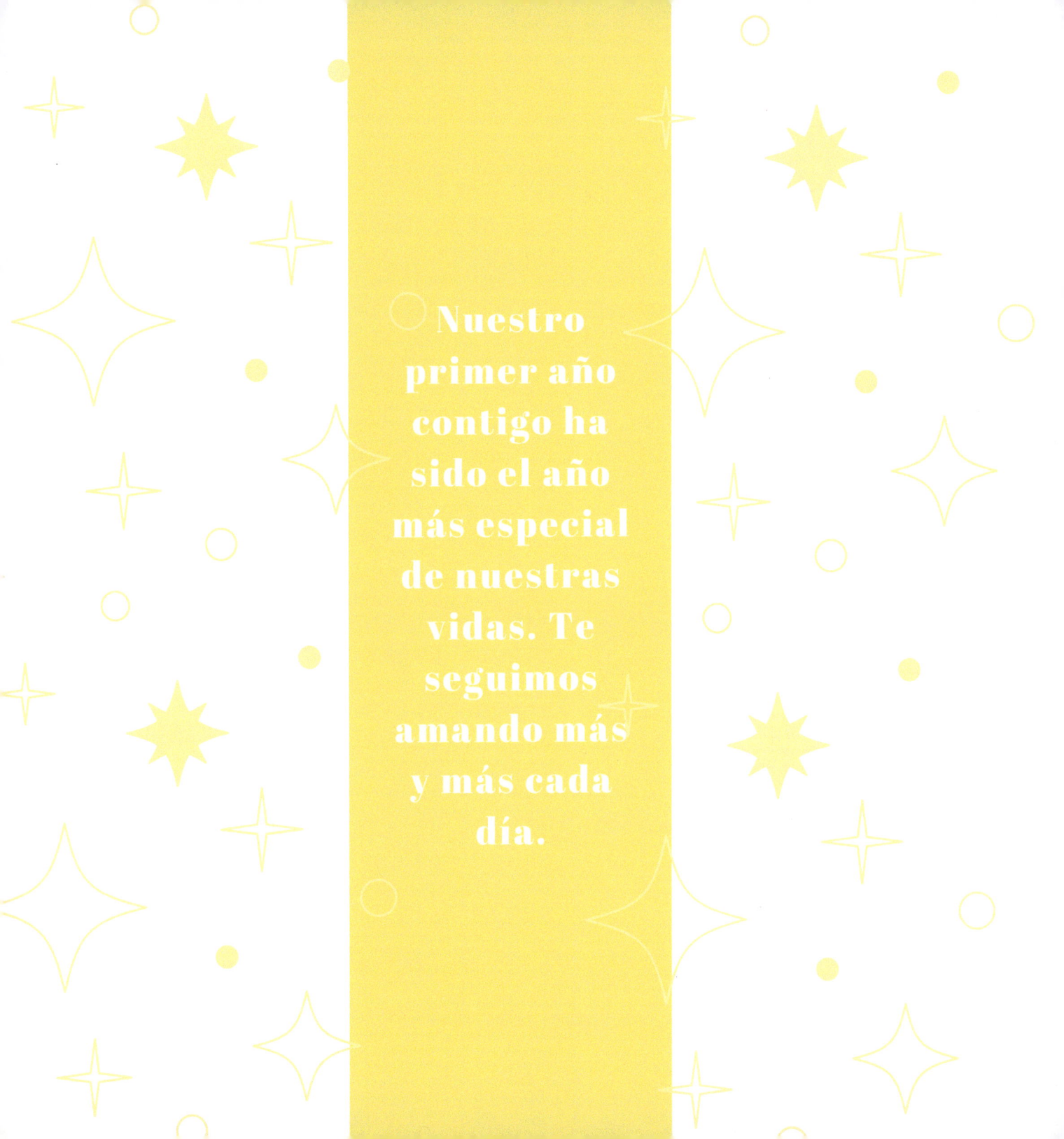

Nuestro primer año contigo ha sido el año más especial de nuestras vidas. Te seguimos amando más y más cada día.

Las primeras vacaciones del bebé

El Primer Año Nuevo del Bebé

Notas:

El Primer Día de los Inocentes del Bebé

Notas:

El Primer Día de la Madre del Bebé

Notas:

El Primer Día del Padre del Bebé

Notas:

El Primer 4 de Julio del Bebé

Notas:

Primer Halloween del Bebé

Notas:

Primer Día de Acción de Gracias del Bebé

Notas:

Primera Navidad del Bebé

Notas:

El Primer Día de San Valentín del Bebé

Notas:

Tus Primeros...

Empezó a levantar la cabeza:
_____

Comenzó a alcanzar cosas:
_____

Empezó a sonreír:
_____

Rodó la primera vez:
_____

Empezó a dar vueltas:
_____

Comenzó a comer alimentos sólidos:
_____

Empezó a hacer frente a las cosas:
_____

Empezó a gatear:
_____

Empezó a bailar con la música:
_____

Primera vez que ríe:
_____

Primera palabra:
_____

Primeros pasos:
_____

Tu primer alimento sólido fue:
_____

Primera canción favorita:
_____

Notas:

Notas:

Notas:

Notas:

Notas:

Notas:

Notas:

Notas:

Notas:

Notas:

Notas:

Copyrights @ 2022

Todos los derechos reservados

No puede reproducir, duplicar ni enviar el contenido de este libro sin el permiso directo por escrito del autor. Por la presente no puede, a pesar de ninguna circunstancia, culpar al editor o responsabilizarlo legalmente de cualquier reparación, compensación o decomiso monetario debido a la información incluida en este documento, ya sea de manera directa o indirecta.

Aviso legal: este libro está protegido por derechos de autor. Puede utilizar el libro para fines personales. No debe vender, usar, alterar, distribuir, citar, tomar extractos o parafrasear en parte el material contenido en este libro sin obtener primero el permiso del autor.

Aviso de exención de responsabilidad: debe tener en cuenta que la información de este documento es solo para lectura casual y con fines de entretenimiento. Hemos hecho todo lo posible por brindar información precisa, actualizada y confiable. No expresamos ni implicamos garantías de ningún tipo. La persona que lee admite que el escritor no está ocupado dando consejos legales, financieros, médicos o de otro tipo. Ponemos el contenido de este libro obteniendo varios lugares.

Consulte a un profesional autorizado antes de probar las técnicas que se muestran en este libro. Al leer este documento, el aficionado a los libros llega a un acuerdo de que bajo ninguna circunstancia el autor es responsable de ningún decomiso, directo o indirecto, en el que pueda incurrir debido al uso del material contenido en este documento, incluidos, entre otros, - errores, omisiones o inexactitudes.

¡Gracias!

Libro de recuerdos del primer año

¡Muchas gracias por probar nuestro Libro de recuerdos del primer año!
¡Nos encantaría saber de usted!

Si ha encontrado que este es un buen libro, por favor, apóyanos y deja una reseña.

Si tiene alguna sugerencia o problema con este libro, o si quieres probar algunos de nuestros últimos portátiles por favor envíenos un correo electrónico.

Enviar el email a:

pickme.readme@gmail.com

www.ingramcontent.com/pod-product-compliance
Lightning Source LLC
Chambersburg PA
CBHW040800240426
43673CB00015B/402